POEMAS

Ahí lo dejo...

Manuel Castillo Molina

Agradecimientos

En *Ahí lo dejo...* he recogido un manojo de poemas en los que he expresado fundamentalmente sentimientos que se alojan en el terreno de lo familiar y de la amistad.

El grupo más extenso está dedicado a mi mujer, Belén, y a mis hijas, Lara y María. Justamente el título del libro es el de uno de los poemas dirigidos a María.

Otro importante número de poemas lo he dedicado a alguno de mis amigos, o a un grupo de ellos, como el titulado "Seguramente fue un diletante dios menor...", que ofrece indicios sobre el clima y la pasión con la que, en los años ochenta, un grupo de profesores impartíamos nuestras clases en el instituto de Tafalla.

Entre los amigos que se han acercado a mi obra, quiero mencionar a Miguel Ángel Adán. Es para mí un placer hablar con él de literatura, en particular de mis escritos, mientras paseamos por los parajes de ensueño con que se adornan los alrededores de Elcano. A él está dedicado el *poema 25*.

Quiero también dar las gracias a otro gran amigo, José Antonio Calvín, por sus numerosas y motivadoras sugerencias, así como por la confianza que me prodiga siempre su lenitiva mano. A él está dedicado el *poema 23*.

Finalmente deseo expresar el testimonio de mi gratitud hacia el autor del prólogo, Santiago Arellano, cuyo talento y sensibilidad admiramos cuantos tenemos la fortuna de conocerlo. A él está dedicado el *poema 26*.

Manuel Castillo

*A Lara y a María, en cuya compañía estoy
atravesando el tramo más gozoso de mi vida*

ÍNDICE

CARTA PROEMIO A UN AMIGO DEL ALMA 13

I. ELCANO 35

1. Con el alba llegará a Elcano 37
2. No dejaré pasar la nueva primavera 39

II. HAY UN TIEMPO PARA EL AMOR 41

3. La edad no ha disipado el primer beso 43
4. Y de pronto ella canta una canción 44
5. Cuando me prendió el amor 45
6. Cualquier cosa que tú fueras 46
7. A la vista, cabellera de fuego 48
8. Sin otra luz que tu mirada 49
9. Solo si tú diriges mis pasos 51
10. L luvia sobre el jardín 53
11. Te digo vida 54

III. HAY UN TIEMPO PARA LA FAMILIA .. *57*

12. Apoyas la cabeza en mi hombro *59*

13. Compartirán cada primavera *60*

14. ¿Qué será? *62*

15. Entre el raudal del mar océano *64*

16. En voluptuoso silencio *66*

17. Ahí lo dejo… *68*

IV. HAY UN TIEMPO PARA EL LLANTO ... *71*

18. Equivocándose *73*

19. Era ayer *74*

V. HAY UN TIEMPO PARA LA TERNURA *77*

20. Se ha detenido un instante el paso de los siglos *79*

21. Ayer fue un día más, como tantos otros *81*

22. Tan hermosa e inerme eres, Martina… *83*

VI. HAY UN TIEMPO PARA LA AMISTAD *85*

23. Más luz *87*

24. Delicadeza *89*

25. Presentes en nuestros sueños *90*

26. Alma de Quijote *92*

27. A uno le acompaña siempre su música *93*

28. Manos inquietas *94*

29. En orden la más pequeña cenefa *95*

30. Esta mujer de ojos grandes *96*

31. El mudable azar… *98*

32. Seguramente fue un diletante dios menor *100*

VII. HAY UN TIEMPO PARA EL OLVIDO *101*

33. Hablar es otra cosa *103*

34. No volveré a ver esta mañana de abril *105*

35. Caminamos *106*

36. Indiferencia *107*

37. Esa lasitud… *108*

38. Cada día que pasa *109*

39. Cuando yo me haya ido *111*

CARTA PROEMIO A UN AMIGO DEL ALMA

Querido Manuel:

La ocasión que me brindaste al poner en mis manos una antología de los poemas que has ido componiendo a lo largo de los años me ha permitido aproximarme a tus vivencias desde el ventanal de tus palabras y confirmar lo que ya habíamos percibido quienes hemos tenido la suerte de acercarnos a tu hogar. Las paredes repiten lo que tú has proclamado: *Confieso que he amado tanto como he sido correspondido.*

El amor es el tema de tu vida y también de tus poemas. Amor rige el destino de todos los seres vivos y es uno de los tópicos más fecundos de la poesía, pero tú lo enfocas desde una perspectiva especial, pues tu amada, tu musa, es a la vez tu compañera y tu esposa, a diferencia de lo que acostumbra a ser en la literatura. El amor que reflejan tus poemas es una sublimación de tu propia vida, en la que tu esposa ocupa el lugar central y, en torno a ella, en círculos concéntricos, vas situando, en armonía, el resto de tus intereses: tu familia, tus amigos, tu casa, tu vida laboriosa. Puede que muchos hayan vivido una existencia tan llena como la tuya, pero tú has sabido ejercitar las diversas facetas de tu personalidad —profesor de literatura, traductor y empresario de altos riesgos, trabajador impenitente e ingenioso, albañil y artesano de tu vivienda, hortelano y pocero de tus cisternas—, junto a la atención que como esposo, hermano, padre y amigo de tus amigos has prestado en tu vida diaria.

Tu otra vertiente es la escritura, quizás como narrador, primero, y como poeta después, aunque no del todo, pues tus relatos reflejan, desde otra perspectiva, la misma sensibilidad y la misma motivación que tus poemas y en su génesis son inseparables. Al hacer pública tu obra ofreces al lector anónimo el acceso a la bella expresión de una sensibilidad que, en otro caso, quedaría reducida al ámbito hermoso, pero limitado, de lo privado.

Has hecho bien en recoger en palabras tus vivencias. Tú sabes que la primera condición de la belleza poética es, como nos enseñó don Antonio, que sean voz del alma, nazcan del cauce límpido de la vida y consigan que hasta los ajenos a la empresa reverdezcan en su interior unas emociones tan tuyas.

Es lógico que los tuyos las reciban como un tesoro. Tu esposa, reconociéndose amada, tal como lo expresas; tus hijas, recibiendo en herencia una lección de amor; y tus amigos, felices de haber sido testigos de vuestro enamoramiento perenne, risueño y sin fisuras, de la ternura hacia tu familia y de tu fina y aguda capacidad conceptual para retratarlos. ¡Qué bien lo expresas, con ese toque de humildad tan sabiamente manejado!:

> Recordarán en las largas noches de invierno,
> al calor de nuestra chimenea,
> esos pobres versos que yo te escribía,
> transidos de amor,
> regados con lágrimas,
> obstinado en pergeñarlos
> con el errático empecinamiento
> de un aragonés de raza.

Todo en ti es amor —*transido de amor*—, un amor que tiene como requisito indispensable el de la amistad, el de la confidencialidad y la estrecha relación de las almas. Esto ocurre lo mismo cuando hablas de un encuentro amoroso que si hablas de un amigo, como en el magnífico *poema 25*, titulado *Presentes en nuestros sueños*, dedicado a Miguel Ángel Adán:

> Nos unía una amistad sin quiebra
> forjada en el candor de la inocencia,
> una amistad con la que caminábamos al lado
> el trecho más amable de nuestro viaje,
> sin tener que explicar sentimientos,
> sin tener que razonar las ideas que sostenían
> el alegre devenir de nuestros pasos,
> cuando todavía no sentíamos correr
> —ni siquiera oíamos latir—
> el río de la existencia.
>
> Y ha tenido que ser el tiempo, que lo devora todo,
> la enfermedad, que nos acecha a cada paso,
> la propia senda de la vida,
> cada día que pasa más angosta y empinada,
> lo que nos ha devuelto
> la amistad de aquellos años
> sin mácula ni reproches,
> rodeados de la luz y el encanto
> de esos compañeros del alma
> que siguen presentes en nuestros sueños.

Me llama la atención, por su verdad humana y su originalidad, el que lleva por título *Indiferencia (36)*. La sociedad actual ha banalizado el amor hasta el punto de hacerlo sinónimo de sexo. Sin embargo, el amor es participación de todo el ser como integridad personal y no se reduce a una simple búsqueda del propio placer, para saciar el deseo.

El amor es totalidad, empieza en la exquisita confidencialidad y delicada cortesía, sí, buenos modales, en medio de lo cotidiano. No separa la trivialidad de las palabras y asuntos, sino la indiferencia y la "desemantización" de un contenido que ya no dice nada porque se ha convertido en frase hecha, en lenguaje fático, como el roce de unas manos cuando han dejado de ser caricias. Tienes razón, Manuel. Es un amor a hurtadillas, y no solo por amor degradado, sino por ser un amor robado, hurtado, no con la luz de la verdad, sino a escondidas. A lo demás, llamémosle como queramos, pero amor sin amistad no es amor.

He aquí el poema:

> Vuelve tarde y le da las buenas noches,
> con exigua emoción de oficinista,
> y el beso insulso y fugaz de quien cumple
> a disgusto una promesa excesiva.
>
> Se pone zapatillas y la bata
> que evita todo glamour insolente.
> Él le pregunta qué tal le ha ido hoy
> y ella responde que bien, como siempre.
>
> Se sientan a la mesa frente a frente
> y hablan de triviales contingencias,
> como del tiempo o la temperatura,
> sin dar paso a la menor confidencia.

Las manos se desplazan torpemente,
entre los pliegues del mantel perdidas,
temerosas de encontrar por sorpresa
otras manos en otro tiempo amigas.

Y a veces, en la mitad de la noche,
mientras las almas sueñan fantasías,
los cuerpos sucumben a la caricia
—diríase amor—, un tanto a hurtadillas.

Has ordenado *Ahí lo dejo...* en **siete bloques temáticos**, siguiendo una pauta, libremente interpretada, de un fragmento del *Eclesiastés*, en el que se organizan las acciones más relevantes del devenir humano en unas cuantas parejas de infinitivos, siendo de sentido positivo el primer verso de cada pareja y el segundo, de signo negativo.

"Todo tiene su momento oportuno; hay un tiempo para todo cuanto se hace bajo el cielo:

un tiempo para nacer,
y un tiempo para morir;
un tiempo para plantar,
y un tiempo para cosechar;
un tiempo para matar,
y un tiempo para sanar;
un tiempo para destruir,
y un tiempo para construir;
un tiempo para llorar,
y un tiempo para reír[...];
un tiempo para callar,
y un tiempo para hablar;
un tiempo para amar,
y un tiempo para odiar;

> un tiempo para la guerra,
> y un tiempo para la paz."

Eclesiastés (3:1-15)

Cuando he terminado de leer tus poemas, me he dado cuenta de que esta cita la has empleado con **sentido irónico**. El verbo *haber* es demasiado consistente como para aplicarlo a la fugacidad del tiempo. *Hay* y *no hay*, porque siendo es poco y en breve será menos. En tu *hay* no existe la metafísica, sino la elegía y el llanto ante el *labuntur anni* de tu querido Horacio.

Es paradigmático el hermoso soneto asonantado que titulas *Cuando me prendió el amor (poema 5)*, dedicado a aquel asombroso momento en el que percibiste que el amor, por fin, había prendido en lo más profundo de tu ser. El roce de su mano se abrió paso a tu alma y percibiste que se había detenido el universo. El amor es concomitante con el deseo de eternidad. Por eso se detuvo el universo. Pero —¡maldito *pero*!— sabes del tiempo y de la brevedad de todo, cuánto más del amor; precisamente de ello, de ese ineludible *ello*, surge tu elegía y tu dolorosa desazón al percibir que en cada ausencia (¡qué delicado sentimiento!) la añoranza se transforma en presagio de la muerte.

Pero digo mal, porque el toque de amargura te nace del gozo que te produce la plenitud de hermosura del mundo, en todo, signo y anuncio de tu clara vocación de amar, que es tu *hay* más verdadero y rotundo. Es fuente de la melancolía que aparece como tenue calima, aun en los poemas más jubilosos; y en los últimos, paladinamente. En el *poema 37* proclamas:

> Esa sosegada melancolía
> que, como una persistente llovizna,
> penetra en el ánimo y deja en él
> una larga e invencible fatiga.

La **primera clave** del sentido de la antología es el amor cultivado como rosa única.

Al concluir la lectura de la parte *VII "Hay tiempo para el olvido"* se me ha desvelado la unidad de la antología. Escrita a lo largo de los años, has anclado en los últimos poemas las claves que dan sentido a la totalidad. El *collige, virgo, rosas* te lleva en tu caso a cultivar una única rosa, la del amor, en sus diversas facetas. Todo lo demás le está subordinado, por ejemplo la belleza del paisaje o de las flores del campo o el plácido escenario de Elcano, donde habitas y donde tus paseos se transforman en alegorías de tu gozoso estilo de vivir en plenitud cada instante. Pero no puedes olvidar que todo es "en tanto" y que todo sucede en la conciencia —borrosa, al principio, explícita, al final— de que eres y somos tiempo y de que te duele, porque sabes "que el aire es nuestro" pero en la transitoria vigencia de un "mientras" fatídico. La conciencia de ese final ineludible ha hecho que tu pluma estremecida lo reconozca como lamento, no sentimental ni lacrimoso ni "romántico", sino trágico y hasta me atrevería a insinuar que sarcástico. A la contra, desvelas una necesidad psicológica universal, un anhelo profundo de inmortalidad y, lo que es más misterioso, la exigencia de eternidad para todo lo que amamos. Tu lamento proclama que, para la plenitud, también el amor está necesitado de eternidad. Si pasas la barrera de la emotividad, descubrirás el secreto de toda tu melancolía y del dolor trágico que subyace en el *poema 38*:

> Cada día que pasa
> asisto más aturdido a la vida:
> veo cómo se acerca la muerte
> escondiendo hoz y guadaña,
> lentamente deprisa
> para disimular su presencia;
> sonriente,
> como se perpetra la traición…

Esta exigencia de eternidad se manifiesta de forma más acusada, si cabe, en el último poema, el *39*. En apariencia parece predominar en él el aspecto romántico, por la fuerza subjetiva de lo sentimental frente a lo racional. Pero todo el poema constituye una hermosa hipérbole que te guía, en medio del dolor, a seguir valorando la belleza, poniendo como telón de fondo a Ronsard y al admirado Garcilaso, para seguir cantando la hermosura de la amada, aun en medio de la huella del tiempo, con delicadeza cortesana — "y los años hayan plateado tus sienes"—, y contigo mismo, de manera despiadada: "cuando mis huesos se hayan convertido en polvo".

Y para colmo, nada menos que evocando con el último verso a Machado, tan presente en tu obra, "Y, en lo alto, ese cielo azul inmaculado", precedido de ese camino tan plácidamente recordado y vivido en tus paseos, espacio ameno para vuestro amor:

> Cuando yo me haya ido,
> cuando mis huesos se hayan convertido en polvo
> y los años hayan plateado tus sienes,
> en las crudas noches del invierno frío
> te sentarás, como Ronsard, al calor de nuestra chimenea,
> y recordarás lo mucho que te he amado.
> Mi espíritu seguirá a tu lado,
> vigilando tu sueño mientras duermes,
> a la espera de retornar
> a esos caminos.
> Y, en lo alto, ese cielo azul inmaculado.

La **segunda clave** para valorar tu poesía me atrevo a llamarla "**metapoética**". Me apoyo en un poema que podría parecer una sátira contra la vulgaridad en el uso de la palabra, no por ser soez, sino por la carencia de pensamiento y de verdad. Recriminas la hipocresía y la banalidad, como si la palabra no fuera el significante del alma, como si el fin de la palabra no fuera el encuentro y la comunicación sino el engaño, el camuflaje, la desconfianza y manipulación. "No sepas hablar y quitarte han el alma sin que sepas quien". Esto enseña el sagaz Pármeno cuando había entrado en el mercado de la astucia y el medrar, cuando por el individualismo feroz la sociedad dejó de ser comunidad, para desgracia de todos los descartados. Pero el ser humano está necesitado de confianza, de no sospechar engaño en la palabra del que está entre los tuyos o al menos del que entra en la amplia onda expansiva de la amistad. Qué acertado estás y qué necesitados estamos de que se nos recuerden estos valores perdidos. *Decídselo a nuestro buen amigo don Quijote. Un caballero nunca miente. Sospecha la mentira y te atravesará con su lanza. Palabras, palabras, palabras. Verba volant.* O, por el contrario: *Palabras de amor, palabras.* Todas las demás son mercadurías. También esta es la cuestión.

Y ¿por qué hablo de "metapoética"? Porque tu palabra brota de una verdad vivida, brota de manantial sereno, sin atisbo de retórica, consigues que sea expresión de tu vivir. No es existencial por la melancolía e incertidumbre que sufres, sino por la verdad fehaciente que salta de tus versos.

Todo el poema me parece un alegato espléndido a favor de la palabra. Pero tu poesía está definida en esa estrofa final en la que sencillamente expones en qué consiste la belleza de tus versos:

> Por eso hablo contigo, amigo,
> como debe hablarse a un amigo,
> como de niño hablaba a mi madre,
> abiertas las compuertas del alma,
> permitiendo que tus ojos vean, en su interior,
> el menor pliegue del pensamiento,
> cualquier cueva de la tristeza,
> todo recodo del dolor,
> confiando siempre en tu lenitiva mano.

El poema, en apariencia conversacional, está cargado de la serena hermosura de lo verdadero (*33*).

La **tercera clave** la encuentro en la mirada de quien evoca sus vivencias como **recuerdos redivivos**, convertidos en presente, pero con la consciencia de la vida como totalidad. Son, como confiesas, memorias del alma. Son el reflejo de una juventud optimista e ilusionada que creyó haber encontrado el secreto de la liberación y el comienzo de una nueva Humanidad. Lo subrayas con rotundidad: "A la valoración manriqueña del pasado/opusimos un presente y un futuro mejor./Por el puro placer de salvar al hombre/practicamos una pedagogía no aprendida,/hecha de quimeras entusiastas."

Quimeras entusiastas. Así fue como lo vivió nuestra generación, aquella que aglutinó a multitudes bajo el señuelo de slogans brillantes como "prohibido prohibir" o "hay que hacer el amor y no la guerra", que abrió camino a una liberación sexual que deja desarbolado al amor. De todo aquello solo ha quedado el entusiasmo como huella de aspiraciones utópicas de un mundo mejor que se nos ha convertido en "añoranzas" del alma de "aquel tiempo limpio y lleno", pero "hecho de quimeras". La humanidad no empezaba con nosotros. Nos sentimos plenos de vida y existencia, nos atrevimos a todo. Al exprimir nuestro tiempo, en nuestras manos se nos han quedado las pepitas esenciales de la vida. Todo fluye y desparece. Lo mejor de tu poesía, la que también a mí me conmueve, la que nos hace exclamar que merece la pena vivir es tu grito vertebrador de tu ser y de tu obra: *Solo para amar he venido a este mundo*. Como la paloma de Alberti, nos equivocamos en tantos momentos... Pero pelillos a la mar. Porque al fin puedes proclamar con no menor verdad que Luis Cernuda:

> Si el hombre pudiera decir lo que ama,
> si el hombre pudiera levantar su amor por el cielo
> como una nube en la luz;
> si como muros que se derrumban,
> para saludar la verdad erguida en medio,
> pudiera derrumbar su cuerpo,

dejando sólo la verdad de su amor,
la verdad de sí mismo,
que no se llama gloria, fortuna o ambición,
sino amor o deseo,
yo sería aquel que imaginaba;
aquel que con su lengua, sus ojos y sus manos
proclama ante los hombres la verdad ignorada,
la verdad de su amor verdadero [...]

Los placeres prohibidos (1931).

Tu *poema 32* dice así:

Seguramente fue un diletante dios menor
quien, para saciar su sed de esparcimiento,
nos reunió, nos armó de tiza y bata blancas
y nos lanzó a pelear en la incómoda trinchera del aula.

Hervía nuestra juventud en un mundo que creímos nuevo.
A la valoración manriqueña del pasado
opusimos un presente y un futuro mejor.
Por el puro placer de salvar al hombre
practicamos una pedagogía no aprendida,
hecha de quimeras entusiastas.

Ahora que la edad ha carcomido la memoria,
añoramos, con lo que nos queda del alma,
aquel tiempo limpio y lleno
en el que explicábamos sediciosos teoremas,
compartíamos las locuras de don Quijote,
nos equivocábamos con la paloma de Alberti,
y soñábamos que nuestros soldados
sabrían defenderse frente al asedio de la vida.

En tus versos proclamas que has vivido. El dolor
no te viene ni de la vida, ni de haberte defraudado la be-

lleza, el amor, la amistad o el afán de cada día. El desengaño te viene de la brevedad, en la escuela machadiana de *Soledades* y con rebrotes tiernos de la experiencia barroca. Yo también creía que "nuestros soldados sabrían defenderse frente al asedio de la vida." Estábamos preparados, pertrechados para vivir, pero no para morir".

Comienzas con **dos poemas** que parecen ser el **preludio de una sinfonía** y que introducen aspectos que luego han de encontrar su desarrollo pleno. En el *poema 1* alguien llega a Elcano, al amanecer. Tres elementos singulares, ubicados todos ellos en la plaza, llaman la atención de este peculiar viajero: una *fuente* que se le antoja *austera*, 'sobria'; un pequeño *parque* que le parece *adusto*, es decir, 'esquivo', 'insociable', quizás porque no tendrá apenas visitantes, y la iglesia, *solemne*, con su arquitectura seria y elegante, y *triste*, acaso por su soledad o por ser un escenario hoy vacío pero lleno de vida en otro tiempo.

> A la débil luz del amanecer,
> la fuente se mostrará austera;
> el pequeño parque, adusto;
> la iglesia, solemne y triste.

Pero lo que tú lamentas es que el desconocido no haya sido capaz de advertir aquellas realidades inmateriales que propician el gozo de vivir en Elcano:

> Silenciará, por irrelevante,
> el placer de conversar
> en nuestras lujuriosas tardes de primavera;
> omitirá nuestros sueños,
> nuestros discretos amores,

nuestras calladas angustias y repugnancias;
olvidará referirse al sentido de nuestras vidas,
a lo que nos hizo vivir y morir.

Porque la última estrofa se limita a constatar la impresión que causan al viajero los tres elementos mencionados, llegado ya el momento del crepúsculo, "a la mortecina antorcha del anochecer".

El *poema 2* anuncia la alegría del vivir, la llamada a un modo de vida que sabe aprovechar los mejores momentos de cada día. Es una delicia de optimismo, un hermoso poemilla que anima al gozo de lo humilde y lo sencillo como razón de vivir, soñando en tu pasear de cualquier momento del día como Machado en los caminos de la tarde. Por eso te reconcilias con Dios, porque lo ves como el Dios de la vida y no de la muerte:

No dejaré pasar la nueva primavera
sin que mi alma renazca con ella.

Caminaré despacio, sin prisa,
escuchando el silencio de la mañana,
mientras se abren los brotes recién estrenados
al amanecer de cada día.

Observaré el color de los sembrados,
de los campos en barbecho,
me fijaré en cada flor,
en cada verde de la hierba.

Permitiré que el sol me inunde de luz;
de su canto los pájaros;
las mariposas, de su fulgor;

> de su caricia el aire.
>
> Disputaré a las abejas
> el olor del tomillo y el romero,
> aspiraré la hierbabuena,
> me embriagaré con la humildad del narciso.
>
> Y no dejaré pasar de nuevo esta primavera
> como tantas otras,
> sin vivir el placer de la vida,
> sin sentir el respirar de Dios.

No pretendo detenerme en cada uno de los poemas. Encuentro que es una maravilla el *poema 8, Sin otra luz que tu mirada*, en el que cuentas cómo creó Dios a Belén, bellísimo en la forma, en la originalidad del contenido y en el sorprendente artificio poético de la *descriptio puelae* con que presentas la hermosura de la amada. Es digna de figurar en una antología sobre el amor. Hasta el ritmo lo encuentro más logrado, quizá por haberte alejado del rigor métrico de sonetos, rimas consonantes y endecasílabos uniformes. Es curioso advertir que el *poema 14, Qué será…*, dedicado a Lara, está compuesto a base de octavas reales, forma métrica no empleada desde el siglo XVIII. Quién sabe si recurriste a esta estrofa de difícil ejecución como un ejercicio de virtuosismo. En todo caso, dominas el verso libre, porque en él la sintaxis se acomoda al ritmo de tus emociones e imágenes.

No quedan a la zaga el *poema 9, Solo si tú diriges mis pasos*, el *10, Lluvia sobre el jardín*, o el *11, Te digo vida*.

El dominio técnico aprendido en tu oficio de profesor, al explicar a tus alumnos los recursos retóricos de los barrocos, puso en tus manos, por ejemplo, la conocida figura de la "diseminatio-recolectio" —siembra y recogida— que te ha ayudado a configurar un poema vigoroso en la organización de las ideas y en la estructura firme de ingeniería verbal, en sí misma valiosa, como ocurre cuando pretendes recuperar la octava real, de linaje poético tan subido. Sin embargo tiene el armazón el peligro de que pasen menos apreciadas las verdaderas perlas poéticas, brotadas de tu específica retórica de la naturalidad. Es lo que me ha ocurrido a mí al leer tu poema 6, "Cualquier cosa que tú fueras". Todas las imágenes con las que vas hilando tu bordado nacen de la verdad de tu sentimiento amoroso. Por eso serías lluvia o nieve fecundante de barbechos, o río o mar, pero también un charco donde albergar tu discurrir errante o simple eco para aliviar tus tristes añoranzas. Todo por el bien de la amada. Es un diamante el final. No recolección retórica formal sino meollo germinal del poema:

> Y sería feliz si tú lo fueras,
> desdichado si tú desventurada,
> eterno acompañante de tus pasos,
> a la sombra delicada de tu alma.

De los dedicados a tus hijas, todos son delicadísimos. Qué bien las conoces, cuánto las amas. Qué finura de observaciones precisas y cariñosas. Cualquiera podría subrayar, cualquiera; pero me parece sublime, henchido de verdad y de humanidad, el *12*, que titulas *Apoyas la cabeza en mi hombro*:

Apoyas la cabeza en mi hombro

y me invitas a ver,
un día más,
la huida del sol,
tras haber dorado
y luego ensangrentado
con su incierta luz abrasada
el horizonte.

Y en ese momento
de melancólica tristeza,
nos miramos fijamente a los ojos
y nos uncimos con los brazos la cintura
para recordar,
acaso con una lágrima,
a nuestras hijas ausentes,
nuestro corazón, nuestro tesoro.

Quizás hubiera debido hacer referencia, uno a uno, a todos tus poemas. Pero en esta carta a un amigo he preferido acercarme picoteando algunos rincones y saboreando ambrosías de hermosura. Otros lo harán. Porque en tus versos hay una profunda verdad humana, bálsamo para tantos infortunios, principalmente del amor. Con razón titulas el poemario "Ahí lo dejo", precisamente como uno de los poemas —el número *17*— dedicados a tu hija menor. Y nos dejas unas muestras de tu mejor ser, de "tu mejor tú". Tu legado está en el total de tus versos. No se necesita escribir a borbotones, sino escanciando momentos vívidos que revelan al hombre. *Ahí lo dejo* y ahí lo hemos encontrado tus amigos y lo encontrarán tus futuros lectores.

El poema es una delicia. En ese tono conversacional tan tuyo, en contraste con la rutina de nuestras soledades cotidianas, surge espléndida la presencia de tu hija y se repite prodigiosamente el milagro de la transfiguración "llenando de vida la casa entera". Es tan así, que ahí lo dejas para constancia de los incrédulos. Pero no. Dejarlo es un imposible. ¿Dejarla, tú? Si te ha llegado al alma o, como te enseñó el maestro, "¿acaso estaba en el fondo de ella?". Constancia del prodigio: "ahí lo dejo"; "Pero no" en magistral mirada de padre, una y otra vez vuelves a las intimidades de su ser, a su potencial de esperanzas, a su bondad nativa, volcada siempre hacia los descartados y míseros del mundo. De la etopeya me quedo con dos momentos:

El primero:

> "si tú no existieras, anhelaría,
> sin saber el motivo,
> el gozo ausente de ver un universo
> con una luz y un cielo,
> una mar bravía y sonriente,
> un aire cálido y fresco a la vez
> que solo tú le proporcionas".

El segundo:

> "Porque podrá haber chicas con más dones,
> pero ninguna tan buena, hija mía."

Me has llenado de ternura. Gracias, Manuel.

Conmovedores y delicados son los dos que dedicas al recuerdo de los difuntos, Joaquín Baztán y Teresa Asensio. Qué diré de los que dedicas al nacimiento de unos niños que acaban de entrar en este mundo, dándoles una bienvenida cargada de presagios de buen futuro. Con razón los clasificas en el capítulo V, *Hay un tiempo para la ternura.*

Otro conjunto es el que dedicas a los amigos, entre los que me cabe la suerte de figurar. Gracias. En nombre de todos. Gracias. Observas y resaltas lo mejor, con rasgo fehaciente de buen amigo; lo demás no te interesa y lo callas. Los hay espléndidamente hermosos y tú lo sabes. Los hay líricos, pero son más los conceptistas ingeniosos. No sólo tienes corazón sino inteligencia cultivada. Al publicarlos alguien se animará a profundizar en su aportación estética. Yo me quedo con el encanto de tus imágenes, de tus declaraciones de amor, y de que me hayas animado desde el segundo poema a proclamar contigo:

> Y no dejaré pasar de nuevo esta primavera
> como tantas otras,
> sin vivir el placer de la vida,
> sin sentir el respirar de Dios.

Santiago Arellano Hernández

I

ELCANO

1. Con el alba llegará a Elcano

Con el alba llegará a Elcano.
El pueblo se hallará todavía dormido o somnoliento.
Recorrerá los dos ramales de casas a ambos lados de
[la calzada
y luego las que se asoman a la plaza.
A la débil luz del amanecer,
la fuente se mostrará austera;
el pequeño parque, adusto;
la iglesia, solemne y triste.

Se detendrá pacientemente en la puerta de cada morada
y, con ayuda documental,
se esforzará por describir,
con todo detalle
y con el debido rigor,
la vida de quienes las habitamos
hace mucho tiempo,
sin haber dejado memoria.

Silenciará, por irrelevante,
el placer de conversar
en nuestras lujuriosas tardes de primavera;
omitirá nuestros sueños,

nuestros discretos amores,
nuestras calladas angustias y repugnancias;
olvidará referirse al sentido de nuestras vidas,
a lo que nos hizo vivir y morir.

No se irá de Elcano antes del crepúsculo.
El pueblo estará recogiéndose.
Soplará viento del Norte
que cimbreará los trigales.
A la mortecina antorcha del anochecer,
apenas vislumbrará la fuente o el parque,
y solo percibirá con nitidez la silueta
triste y solemne de la iglesia.

2. *N*o dejaré pasar la nueva primavera

No dejaré pasar la nueva primavera
sin que mi alma renazca con ella.

Caminaré despacio, sin prisa,
escuchando el silencio de la mañana,
mientras se abren los brotes recién estrenados
al amanecer de cada día.

Observaré el color de los sembrados,
de los campos en barbecho,
me fijaré en cada flor,
en cada verde de la hierba.

Permitiré que el sol me inunde de luz;
de su canto los pájaros;
las mariposas, de su fulgor;
de su caricia el aire.

Disputaré a las abejas
el olor del tomillo y el romero,
aspiraré la hierbabuena,
me embriagaré con la humildad del narciso.

Y no dejaré pasar de nuevo esta primavera
como tantas otras,
sin vivir el placer de la vida,
sin sentir el respirar de Dios.

II

HAY UN TIEMPO PARA EL AMOR

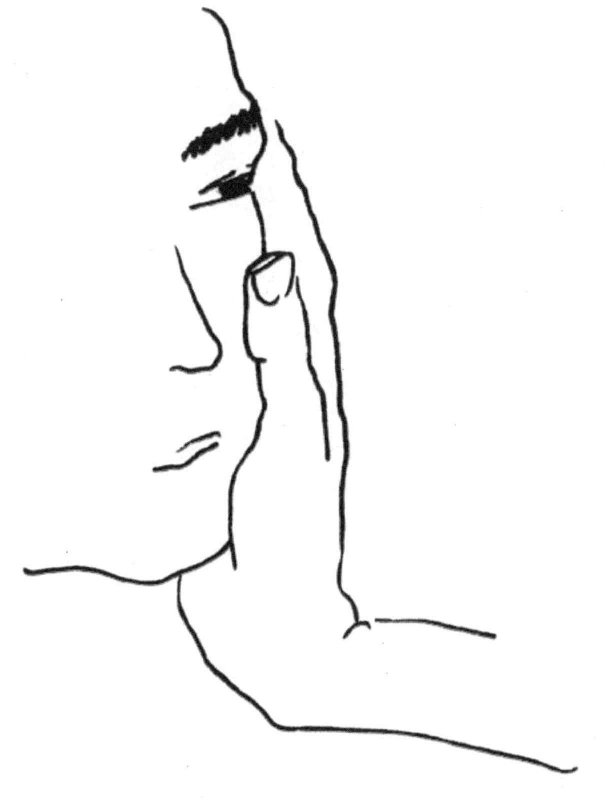

3. La edad no ha disipado el primer beso

La edad no ha disipado el primer beso,
apenas una diminuta llama
con la que entregué para siempre el alma
y que incendió en eterno fuego el cuerpo.

A pesar de que el tiempo intransigente
la pasión devora con cruel rutina,
tras tantas horas junto a ti vividas
me sigue faltando el aliento al verte.

Al otro lado de esta travesía,
te esperaré tras el último viaje,
pensando siempre en ti y en nuestras cosas,

y cuando llegues por fin a mi orilla
resultará muy fácil divisarte
por ser, como siempre, la más hermosa.

4. Y de pronto ella canta una canción

Si me ves triste, en brazos del olvido,
derramas sobre mi piel lastimada
el bálsamo brujo de tu palabra,
que aviva a mi corazón abatido.

Al son de tu canto, mueven con brío
las mariposas sus fúlgidas alas
y las rosas exhalan fascinadas
su perfume a ambos lados del camino.

Y yo, que paso la vida a tu sombra
ávido de dispensar a mi oído
la hermosura serena de tu voz,

sueño en amenas praderas remotas
a orillas del océano infinito,
envuelto eternamente en tu canción.

5. Cuando me prendió el amor

Cuando me prendió el amor esa tarde
de otoño en la que el roce de tu mano
sutilmente hasta mi alma se abrió paso,
se detuvo el universo y el aire.

Pero pasa tan ligera la vida
y el camino del amor es tan corto
que temo perder en cada recodo
del día tu mirada, tu sonrisa,

o el gesto que define a tu persona,
sin poder evitar que, en tus ausencias,
confunda la añoranza con la muerte:

que sin ti el mundo es realidad ociosa
y tan solo al calor de tu presencia
cualquier cosa se torna trascendente.

6. Cualquier cosa que tú fueras

Si fueras tierra, yo sería lluvia
tierna para rociar el ancho campo,
nieve con la que cubrir los barbechos,
brisa para acariciar a los álamos.

Si fueras agua, yo sería charco
para albergar tu discurrir errante,
río, mar, océano, amable playa
visitada por olas incesantes.

Si fueras aire, yo sería eco
para aliviar tus tristes añoranzas,
ameno valle de tus excursiones,
música para alegrar las montañas.

Si fueras fuego, yo sería leña
seca con la que saturar tu furia,
hierro sobre el que fulminar el rayo,
hogar en el que mitigar tu angustia.

Cualquier cosa que tú fueras, cualquiera,
con forma de agua, fuego, aire o tierra,

yo sería esclavo de tus andanzas
por la recompensa de tu presencia.

Y sería feliz si tú lo fueras,
desdichado si tú desventurada,
eterno acompañante de tus pasos,
a la sombra delicada de tu alma.

7. *A* la vista, cabellera de fuego

A la vista, cabellera de fuego,
mirada limpia de burbujas verdes,
labios de frambuesa, cintura leve
que cimbra alegre al ondulado pecho.

A la nariz, manojos de romero,
aroma fresco del cedro de Oriente,
ramos de azucenas de olor hiriente
con que olvidar cuidados y recelos.

Para el gusto, manzana prohibida
que al huracán del deseo enardece
hasta hacer desdeñar el paraíso.

Al tacto, el dardo de una caricia
ardiente y gélida que te sumerge
en el hondo valle del desvarío.

Y el céfiro del mar para el oído.

8. Sin otra luz que tu mirada

Sin duda, desde la eternidad sin límites
Dios empeñó su sabia mano
en forjarte a su imagen.
Haría la tarea despacio, a lo largo de siglos,
y no de un simple trazo, como creó los glaciares,
el firmamento o las inmensas praderas de flores.

Sin duda, a la par que repensaba tu figura
iba dotando de firmeza al mundo, de latido al espíritu,
de sonrisa al hombre;
y seguro que mientras te remodelaba una vez y otra,
iba derramando sobre el río el murmullo alborozado
y, sobre el mar, el bramido atronador.

Sin duda, cuando te tuvo acabada,
tardó largo tiempo en imbuirte la vida,
para no omitir detalle;
tanto que casi olvida —pudo dar la impresión—
que me había escogido a mí, el más inmérito de los
                                        [hombres,
para ser tu compañero

(uno de esos designios divinos
que no es capaz de comprender la mente humana).

Aunque llegaste tarde a mi vida,
me ha sobrado tiempo para apreciar contigo
el sabor y el color de las palabras,
que pierden sin ti su sentido;
para gozar y padecer el placer y el dolor insufribles
de tu carne y de tu ausencia.

Tu carne ha alumbrado
estrellas que iluminan mis noches,
azucenas y melodías que acompañan mis días;
con ellas estás presente
en tus ausencias,
ennobleciendo las mezquindades de la vida.

Y me has enseñado
a compartir la risa
y también el llanto,
para sellar un amor de vida y muerte,
sin otra mirada que la tuya,
sin otra luz que tu mirada.

*9. S*olo si tú diriges mis pasos

Todo es noche la mala posada
Santa Teresa de Jesús
Camino de perfección, cap. 40, 9

Solo si tú diriges mis pasos,
dejarán de ser inseguros.
Con tu sola presencia
sabré cruzar la línea que separa
el pesar y el contento,
y traspasar el grueso muro que media
entre la nada y el todo.

Si estás a mi lado,
no temeré ni a la vida ni a la muerte:
a la vida, porque tú eres la vida;
en cuanto a la muerte
—lo mismo si me sorprende
caminando una suave vereda
o en medio de un bosque intrincado,
con clamores
o en silencio,
de día

o de noche,
teñida de ébano blanco
o de nieve negra,
en el cielo
o en el infierno—,

no conoceré su rigor:
que si tú estás a mi lado,
la muerte será
eterna estancia en buena posada.

10. Lluvia sobre el jardín

Abiertas las ventanas a la primavera,
siento sobre mi rostro el aire tibio,
mientras escucho el rumor apenas perceptible
de una lluvia tierna desmayándose sobre el césped.
La hierba se remoza
y reverdecen los tilos, los nogales,
los cerezos, los fresnos,
los arces platanoides, los prunus pisardi,
los castaños de Indias, los cedros...

Yo reverdezco también,
cuando tú te sientas a mi lado,
y cierro los ojos para evocar tu esencia,
mientras acaricias con tus manos las mías
con fineza capaz de abrir los goznes del mundo;
luego proyectas al infinito tu mirada verde
en busca de horizontes imposibles
(tu corazón, latiendo al ritmo exacto
del péndulo de la vida;
y tu alma y tus pasos, siempre al cuidado
de las azucenas de olor hiriente
que alumbraste
y que hace crecer cada día
el milagro de tu voz).

11. *T*e digo vida

Te digo vida
y quiero decir
aire, luz, río, fuego,
savia verde de mis ensueños,
tierra dura de mis certezas.

Sé muy bien lo que me digo.
Nada hay de inconsciencia
cuando pronuncio ese sustantivo
del que conozco fonemas,
sílabas, acento y azares.

Y sé muy bien lo que no es vida:
aspirar el interminable
humo de la monotonía,
caminar leguas y leguas,
hasta perder el aliento,
con la esperanza de dejar atrás,
en cualquier recodo,
el vaho de la desdicha.

Por eso cuando te digo vida
sé muy bien lo que te digo.

Quiero decirte música,
flor, bosque umbrío,
césped de sonrisas
donde reposa la mirada de Dios.

III

HAY UN TIEMPO PARA LA FAMILIA

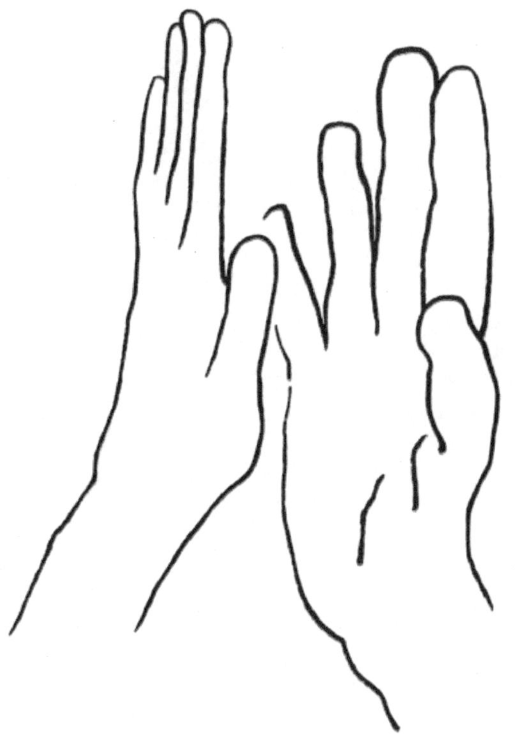

12. Apoyas la cabeza en mi hombro

Apoyas la cabeza en mi hombro
y me invitas a ver,
un día más,
la huida del sol,
tras haber dorado
y luego ensangrentado
con su incierta luz abrasada
el horizonte.

Y en ese momento
de melancólica tristeza,
nos miramos fijamente a los ojos
y nos uncimos con los brazos la cintura
para recordar,
acaso con una lágrima,
a nuestras hijas ausentes,
nuestro corazón, nuestro tesoro.

13. Compartirán cada primavera

En el día de la madre

Compartirán cada primavera
la hermosura de tu voz,
limpia y sonriente;
apagarán su sed, durante el estío,
en el río claro de tu mirada;
soñarán en el otoño
ocasos de cielo incendiado
por la osadía de tus ensueños.

Recordarán en las largas noches de invierno,
sentadas junto a la chimenea,
esos pobres versos que yo te escribía,
transidos de amor,
regados con lágrimas,
obstinado en pergeñarlos
con el errático empecinamiento
de un aragonés de raza.

Seguirán venerándote en el altar
que te hemos erigido,

y, mientras tú existas,
no conocerán la amargura
de atravesar un mundo
hostil y vidrioso,
porque tú las cobijarás siempre
bajo tu omnipotente manto de madre.

14. ¿Qué será?

Será arquitecta, acaso diplomática,
médico quizás, tal vez ingeniera;
en los ratos libres será emblemática
cooperante de una OeNeGé severa.
Su mirada penetrante, enigmática,
persigue alguna atávica quimera.
Surca el mar de sus más nobles empeños
en la osada nave de los ensueños.

Tiene prisa en llegar a su destino,
pero sucumbe del viaje al encanto:
le agrada detenerse en el camino
a escuchar de las sirenas el canto
que garantiza un deleite genuino
y conduce a menudo al desencanto.
Tras el alto, sin arrugar el ceño,
avanza otra vez con gesto risueño.

Pero a veces veo que se repliega
triste, como un gladiador vencido,
tras el feroz fragor de la refriega,
a lamer su corazón malherido;

y aunque sé que el llanto sus ojos ciega,
no me aventuro a mancillar su nido.
Todos sus pesares serán pequeños:
no en vano es pájaro que vuela en sueños.

15. Entre el raudal del mar océano

Entre el raudal del mar océano,
tu sonrisa,
esa ola ancha y profunda
poblada de peces saltarines,
perfumada de algas de mil aromas,
esa ola que avanza mansamente
hasta que te envuelve y te subyuga
y luego la ves pasar y alejarse lentamente,
dudando en volver,
hasta derramar en la playa sus perlas de nácar.

De los astros del firmamento,
el resplandor de tus ojos, mis ojos,
luz de un dios esplendente y frío,
sereno, hermoso y distante.
Tus ojos,
con su variable sucesión de amaneceres tibios
y ponientes de fuego,
profundos y penetrantes como el rayo,
compasivos cual luna llena.
Tus ojos, escrutando siempre el futuro.

De las flores del campo,
tu corazón,
azucena entre abrojos
sobre la que recostar el alma
y olvidar las penas anegado en su perfume.
Tu corazón, lluvia fina y nieve,
montaña, bosque y río,
abrigo, alivio y sosiego
de desheredados de la fortuna,
cofre ensoñado de ternura.

Apenas una niña,
avanzas con el temple de Antígona,
te vistes de esperanza
con la obstinación perseverante de la hiedra
que teje y protege
constantemente
su propio ser y su verde morada.
Cruzas con arrojo la vida, la mirada atenta,
el corazón en la mano
y una sonrisa.

16. En voluptuoso silencio

En voluptuoso silencio, mecida
al suave son del caprichoso viento,
sobre el jardín desciende mansamente
la nieve este día triste y sereno.

Así llegaste tú, cual grácil copo
posado en el otoño de mi vida,
a dar a mi corazón nueva savia
y un rumor tembloroso de alegría.

Con tu aliento me has cubierto,
igual que la primavera a los chopos
del río, de ramaje y verdes hojas
con que revestir el desnudo tronco.

Tañe el reloj de la iglesia tus años
en este mediodía trascendente.
Todo el valle de Egüés se sobrecoge.
Solo la nieve cae indiferente.

Y es que un día cualquiera no lejano
huirá en un recodo del camino,

sin dejar de su fuga rastro alguno,
la niña que hasta este momento has sido.

Pronto esperaré en vano descubrir,
en cualquier recoveco de la casa
donde sabes que suelo detenerme,
—metida en el bolsillo de la bata,

o en la mesilla, al lado de la radio—,
una de esas notas tuyas tan cálidas
escritas en papeles desgarrados,
en las que anotas lo mucho que me amas.

Antes de que el torbellino del tiempo
dando tumbos por la vida te aleje,
quiero aprenderte con exactitud,
como eres en el momento presente;

antes de que me quede maldiciendo
que, entre fútiles asuntos extraviado,
no te haya ofrecido sino retazos
de mi estúpido tiempo enmarañado.

17. *A*hí lo dejo...

Para sobrellevar la soledad de las mañanas
las paso sumergido en tareas
rutinarias,
enredado en el PC o entre pucheros
—donde todo un Dios también anda—;
y de repente llegas tú, legión de ángeles
que ríen, cantan, atraviesan el aire como flechas
llenando de vida la casa entera
y de alegría mi corazón.
Ahí lo dejo…

Pero no,
lo tomo de nuevo para decir que a veces,
muy de tarde en tarde,
veo asomar a tus mejillas
lágrimas tan límpidas como amargas,
que intentas ocultar entre las manos.
Si te pregunto la razón,
me respondes con un silencio grave y reservado
que me congela el alma.
Ahí lo dejo…

Pero no,
otra vez lo tomo para decir
que, si tú no existieras, anhelaría,
sin saber el motivo,
el gozo ausente de ver un universo
con una luz y un cielo,
una mar bravía y sonriente,
un aire cálido y fresco a la vez
que solo tú le proporcionas.
Ahí lo dejo…

Pero no,
vuelvo a tomarlo para asegurar que en ti
halla refugio la vergüenza del bosque desarbolado,
el desamparo de los pájaros heridos,
la aflicción de los desahuciados,
la soledad de los fracasados,
la amargura de las causas perdidas.
Porque podrá haber chicas con más dones,
pero ninguna tan buena, hija mía.
Y definitivamente ahí lo dejo…

IV

HAY UN TIEMPO PARA EL LLANTO

18. Equivocándose

A la memoria de Joaquín Baztán

¿Qué rumia este anciano solitario
sentado al atardecer en el banco
junto a la portezuela del jardín
sosteniéndose el mentón con la mano?

Si te sientas a su lado te cuenta
siempre las mismas historias remotas,
con voz debilitada por la usura
violenta del tiempo sobre las cosas.

Confunde las palabras, equivoca
los nombres, sus recuerdos son olvidos,
no es siquiera la sombra de lo que era
cuando sostenía hacienda y seis hijos.

Vaga errabundo por toda la casa,
y su inquieta ansiedad de combatiente
le hace oír, con oscura certidumbre,
los pasos tenebrosos de la muerte.

19. Era ayer

A la memoria de Teresa Asensio

Era ayer cuando, tímida y serena,
lanzabas con el carcaj
de tu cálida voz de ángel cristalino
el certero dardo de palabras
precisas, limpias, ordenadas,
esparciendo sobre ellas el aroma
de sutiles ironías,
siempre benignas,
envueltas en el celofán de tu sonrisa.

Era ayer,
y, de pronto, el tiempo,
ese monstruo de mil cabezas,
caprichoso e irascible,
vengador de injurias inventadas,
oculto tras un leve soplo de viento,
te ha llevado consigo
al otro lado de la vida.

En esa nueva orilla,
todos los otoños
contemplarás paciente
la caída de la hoja
y, pasados los breves años que han de venir,
juntarás, al pie de tu árbol,
todos los brotes de tu estirpe,
todos los amigos de siempre,
que luciremos eternamente
las palabras cristalinas
que hemos amado contigo.
Y rociarás tú sobre ellas el aroma
de sutiles ironías,
siempre benignas,
envueltas en el celofán de tu sonrisa.

V

HAY UN TIEMPO PARA LA TERNURA

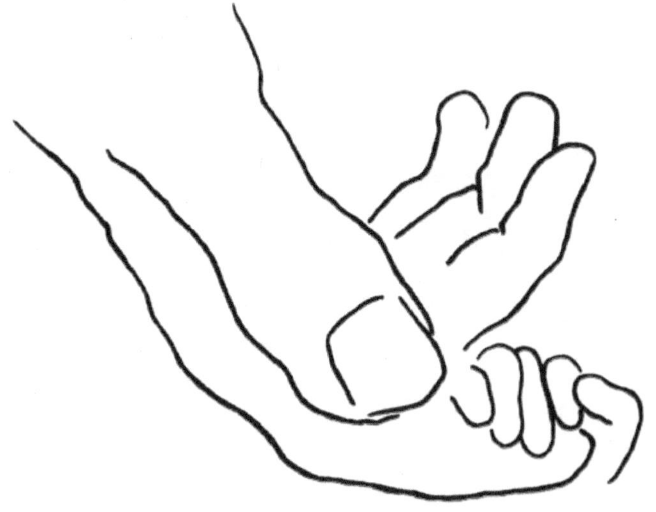

20. Se ha detenido un instante el paso de los siglos

Se ha detenido un instante el paso de los siglos,
pequeño Alfredo,
para que, callado el mundo,
pueda escucharse
en todos los confines del orbe
tu primer llanto.

Eres un infante singular:
circula por tus venas
sangre roja y combativa,
heredera de gestas de héroes altivos
de dos continentes
separados por el océano infinito.

Sin pasado y sin apenas presente,
eres dueño del futuro,
de un porvenir henchido de promesa y esperanza,
que irás surcando
bajo la mirada serena de tu madre
y la voz rotunda de tu padre.

Frunces ligeramente la frente
con gesto de ángel obstinado,
acaso mientras te esfuerzas por asumir el compromiso,
antes de que ruede de nuevo el mundo,
de estar siempre a la altura
de los nobles cometidos que tienes asignados

21. *A*yer fue un día más, como tantos otros

Ayer fue un día más, como tantos otros,
brumoso y desalmado,
grisáceo y monótono, como tantos.

Hoy parecía ayer al despuntar el día,
pero se ha hecho de verdad hoy, Gonzalo,
cuando se ha escuchado
tu llanto de ingreso en la vida,
que, rompiendo el aire,
ha desgarrado un jirón del cielo
con el que se han adornado tus ojos.

Pero puede que haya sido el cielo
el que se haya ataviado
con el turquesa de tu mirada.
Y puede que el ángel de la vida
haya reservado para tus manos
la ternura tersa del alma de Asun
y su inocencia;
para tu corazón, el corazón de Miguel,
que ya te basta.

Ayer fue un día más, como tantos otros,
grisáceo y desalmado,
brumoso y monótono, como tantos.

Pero hoy has nacido tú, Gonzalo,
y por mucho que Jericó refuerce sus puertas,
el imperio de tu voz las derribará de nuevo.

22. *T*an hermosa e inerme eres,
Martina…

Tan hermosa e inerme eres, Martina,
tan débil, vulnerable y delicada
que la tierra no es morada apropiada
para tu recién estrenada vida.

Tu cuerpo, porcelana quebradiza,
turba a quien a contemplarte se para,
mas no es fácil mantener la mirada,
pues tanta ternura hiere la vista.

Y para poder ocupar tu puesto
en este mundo ha hecho falta el fecundo
compromiso de toda tu ascendencia,

siglos de paciencia trasmitiendo
su sangre hasta llegar a ti, el último
y más bello eslabón de la cadena.

VI

HAY UN TIEMPO PARA LA AMISTAD

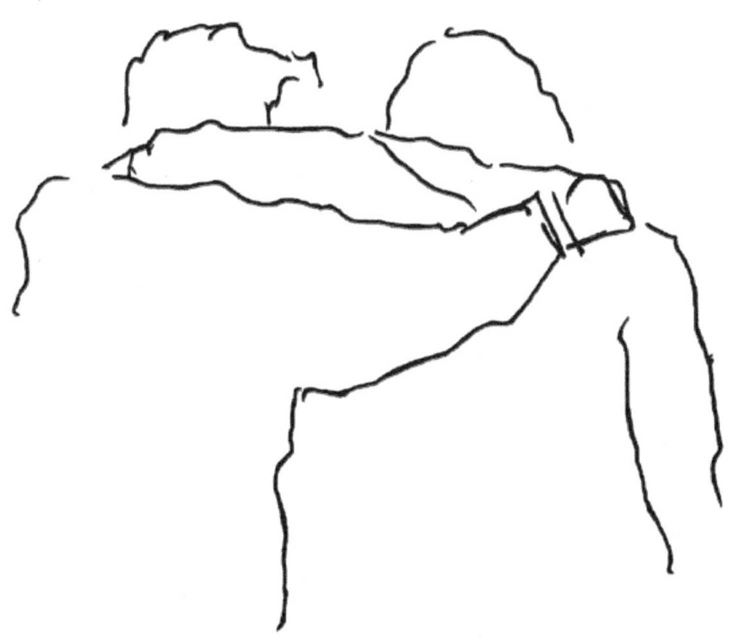

23. Más luz

A José Antonio Calvín

Nunc est bibendum,
nunc pede libero pulsanda telus
Horacio, *Odas*, I. 37. 1-2

En la repisa de la chimenea,
tu cita de Horacio
para celebrar una vida nueva.

Era cuando compartíamos con Goethe
el afán de luz, más luz;
cuando era borrosa la frontera
entre la hermosa realidad y los poderosos sueños,
y de tanto amar la literatura
estuvimos a punto de cambiar el mundo;
era cuando nos hervía la sangre,
no nos cabía más libertad en el pecho
y nuestras barbas
sufrían un interrogatorio memorable.
Era también la época

en que para calmar nuestro ímpetu
disputábamos carreras que siempre ganabas.

Ahora que hace tanto tiempo
—y tanto daño— que no nos vemos,
¡cómo extraño la luz de tu mirada,
la calidez de tu voz,
tu ponderación y tu sosiego,
cómo añoro esa emoción de los días comunes
en que fue creciendo hasta no caber en el alma
ni en el cuerpo,
nuestra amistad!

Al observar tu bandeja plateada,
reprocho a la vida su urgencia,
su ruindad cicatera en tasarnos el tiempo,
cuando se trata de días, solamente días...

24. Delicadeza

A María Pilar Vallés

Par delicatesse j'ai perdu ma vie
Arthur Rimbaud, *Chanson de la plus haute tourre*, 1872

No es improbable que, apenas nacida
—junto al Pilar, del río Ebro a la orilla—,
te disculpases, con una sonrisa,
por tu llanto al ingresar en la vida.

Esa delicadeza desmedida
—manos de arcángel, mirada benigna,
voz acendrada, expresión comedida—,
trasmite una misteriosa energía.

Tus delgados dedos de marfil juegan
sobre tu regazo mientras cautiva
escuchas con candorosa atención.

Y mientras hablas tu alma proyecta,
con la voz, la mirada y la sonrisa,
la estampa fascinante del amor.

25. Presentes en nuestros sueños

A Miguel Ángel Adán

Somos, Miguel, el recuerdo de un tiempo
en que jugábamos con las palabras,
cuyo sabor y color aprendimos a valorar
en atardeceres limpios,
en compañía de amigos entrañables,
esperando la caída de la hoja en otoño,
la nieve en invierno,
el resurgir del mundo en cada primavera...,
cuando la vida nos envolvía en un manto
delicado de terciopelo azul.

Nos unía una amistad sin quiebra
forjada en el candor de la inocencia,
una amistad con la que caminábamos al lado
el trecho más amable de nuestro viaje,
sin tener que explicar sentimientos,
sin tener que razonar las ideas que sostenían
el alegre devenir de nuestros pasos,
cuando todavía no sentíamos correr
—ni siquiera oíamos latir—
el río de la existencia.

Y ha tenido que ser el tiempo, que lo devora todo,
la enfermedad, que nos acecha a cada paso,
la propia senda de la vida,
cada día que pasa más angosta y empinada,
lo que nos ha devuelto
la amistad de aquellos años
sin mácula ni reproches,
rodeados de la luz y el encanto
de esos compañeros del alma
que siguen presentes en nuestros sueños.

26. Alma de Quijote

A Santiago Arellano

Este hombre de mirada complaciente,
de largo talento y sólido credo,
mezcla del arcipreste y de Quevedo,
de la belleza asiduo penitente,

consigue de manera sorprendente
desentrañar con poderoso dedo
del arte y de la vida el gran enredo
con el soplo divino de su mente.

Prestidigitador de la palabra,
alma de Quijote en cuerpo de Sancho,
este honorable y tenaz hortelano,

que con rudo y paciente arado labra
su exuberante existencia en surco ancho,
porta el marchamo de Dios en su mano.

27. A uno le acompaña siempre su música

A Ascen Peñas

A uno le acompaña siempre su música.
La tuya, que conoce bien la vida,
apenas consiente que ahonde la herida
el saxo, con su lamento de súplica;

deja más bien que el dulce clarinete
sonría con semblante delicado
y que responda el noble contrabajo
con acento señorial e indulgente.

Un tímido suspiro de violines
sin apenas rozar el aire asciende
temeroso de turbar el ambiente.

La batería suena imperceptible.
(En la sombra se adivina sonriente
la figura del director, Silvestre)

28. Manos inquietas

A Javier Eguílaz

Este circunspecto infanzón de Obanos,
surgido a la par que la primavera,
es el hijo que una madre quisiera
sostener, al nacer, entre sus manos.

De sólida mente y principios sanos,
su apuesto cuerpo también lo estuviera
si asiduamente atacado no fuera
por pérfidos gérmenes microbianos.

Sensible y servicial, de nobles metas,
viajero que a sorbos degusta el mundo,
leal a sus amigos y tenaz,

todo lo ajustan sus manos inquietas
y, con sentido del deber profundo,
procede siempre de modo eficaz.

29. En orden la más pequeña cenefa

A Lola Ibáñez

En orden la más pequeña cenefa,
iracunda, a las ocho y treinta y cinco
al perezoso grita con ahínco:
"La puerta está cerrada". Es la jefa.

Con discreción el centro ella controla
advirtiendo el detalle más concreto:
clases, bibliotecas, el DOC completo.
Todo un dios omnipresente. Es Lola.

Cuando por los pasillos se encamina,
trepidante siempre como centella,
dispuesta a desentrañar cualquier treta,

se atisba tras su máscara felina
un leve temblor de ternura. Es ella:
Dolores Ibáñez Zubizarreta.

30. Esta mujer de ojos grandes

A Virginia Berrade

Esta mujer de ojos grandes,
brillantes e inquietos,
emprende los trabajos y los días
con el vertiginoso movimiento
del tornado o el vendaval,
el huracán o la tormenta,
y, sin tiempo para respirar,
engulle las horas de dos en dos.

Esta mujer de cuerpo menudo,
corazón gigante
y alma noble y generosa,
inunda con su aroma cuanto ama,
como las olas anegan la playa,
como el viento airea el hayedo,
como las blancas azucenas
esparcen su perfume por los prados.

La inconstante fortuna
nos ha regalado la amistad

de esta mujer de pies alados
que comparte dicha y llanto.
Galoparán las horas y los días,
correrán los meses y los años,
pasará a grandes pasos la vida
y nunca te habrá defraudado.

HAY UN TIEMPO PARA LA AMISTAD

31. *E*l mudable azar...

A Carlos Verge Lázaro

El mudable azar que me regaló un día
la amistad de este catalán íntegro,
dueño absoluto del humor,
que lucía con pasión su orgullo hispano
—"o caixa o faixa"—,
otro día lo alejó de mi lado.

Bebimos la vida a tragos anchos y profundos,
la cruzamos
con vertiginosas zancadas largas,
desbordados de presente y cargados de futuro,
el cuerpo insensato
y el alma embravecida.

Entre sus hijos,
alguno habrá heredado
su cabello negro, su sonrisa, o su inocente expresión;
pero a todos les habrá llegado algún jirón
de su alma grande,
delicada, inocente, noble, limpia.

A veces, cuando me muerde la tristeza,
echo de menos nuestra vieja amistad
y quisiera reanudarla
donde quedó interrumpida hace tantos años,
cuando el destino nos separó
soplando sobre nuestras vidas en dirección opuesta.

32. Seguramente fue un diletante dios menor

Seguramente fue un diletante dios menor
quien, para saciar su sed de esparcimiento,
nos reunió, nos armó de tiza y bata blancas
y nos lanzó a pelear en la incómoda trinchera del aula.

Hervía nuestra juventud en un mundo que creímos
[nuevo.
A la valoración manriqueña del pasado
opusimos un presente y un futuro mejor.
Por el puro placer de salvar al hombre
practicamos una pedagogía no aprendida,
hecha de quimeras entusiastas.

Ahora que la edad ha carcomido la memoria,
añoramos, con lo que nos queda del alma,
aquel tiempo limpio y lleno
en el que explicábamos sediciosos teoremas,
compartíamos las locuras de don Quijote,
nos equivocábamos con la paloma de Alberti,
y soñábamos que nuestros soldados
sabrían defenderse frente al asedio de la vida.

VII

HAY UN TIEMPO PARA EL OLVIDO

33. Hablar es otra cosa

A menudo, cuando hablamos,
no hablamos de verdad:
cruzamos con la gente
palabras que disfrazan lo que encubren,
que empañan con su aliento gris
cualquier asomo de nuestra identidad,
para evitar así ser mordidos
por las víboras reptantes
que pueblan los arrabales del mundo.

Pero hablar es otra cosa,
es decir la verdad desnuda,
mostrar el alma
en estado de crisálida inocente,
olvidando haber atravesado
gélidos inviernos de desencanto,
hipocresía y traición,
sin ni siquiera conservar las huellas
de su turbulento paso.

Por eso hablo contigo, amigo,
como debe hablarse a un amigo,

como de niño hablaba a mi madre,
abiertas las compuertas del alma,
permitiendo que tus ojos vean, en su interior,
el menor pliegue del pensamiento,
cualquier cueva de la tristeza,
todo recodo del dolor,
confiando siempre en tu lenitiva mano.

34. No volveré a ver esta mañana de abril

No volveré a ver esta mañana de abril,
su cálida luz,
su tenue brisa
acariciando las copas
de los chopos del río.

Se descolgará del cielo este azul
recortado por el verde de las colinas,
y mis ojos no volverán a ver
esta misma luz,
ni mi rostro a sentir la misma brisa.

Y no seré el mismo
cuando otra luz,
otro aire, otro azul,
otra mañana u otro día diferente
sosiegue mis sentidos,
abrumados hoy por tanta belleza
y tanta melancolía.

35. Caminamos

Caminamos uno al lado del otro,
cosidos de la cintura, rozando
las mejillas, con el gesto indolente
y el frenesí de la pasión primera.

Por la otra orilla avanzan tus amigas
parloteando de todo, indiferentes,
mientras que nuestros ingrávidos cuerpos
levitan dulcemente acompasados.

El manto de la noche en la avenida
nos protege y solo tú y yo vivimos
de verdad, pues a nuestro alrededor
todo el mundo vegeta simplemente.

Somos un solo soplo, un solo cuerpo,
la misma emoción, idéntico ensueño,
el pasado, el futuro y el presente,
y fuera de nosotros nada importa.

Aprieto muy fuertemente los ojos:
en cuanto los abra, el sol inclemente
de esta mañana tórrida de agosto
velará mi sueño…

36. Indiferencia

Vuelve tarde y le da las buenas noches,
con exigua emoción de oficinista,
y el beso insulso y fugaz de quien cumple
a disgusto una promesa excesiva.

Se pone zapatillas y la bata
que evita todo glamour insolente.
Él le pregunta qué tal le ha ido hoy
y ella responde que bien, como siempre.

Se sientan a la mesa frente a frente
y hablan de triviales contingencias,
como del tiempo o la temperatura,
sin dar paso a la menor confidencia.

Las manos se desplazan torpemente,
entre los pliegues del mantel perdidas,
temerosas de encontrar por sorpresa
otras manos en otro tiempo amigas.

Y a veces, en la mitad de la noche,
mientras las almas sueñan fantasías,
los cuerpos sucumben a la caricia
—diríase amor—, un tanto a hurtadillas.

37. *E*sa lasitud...

Esa inerte lasitud que, cual perro
de presa, prende el alma y no la suelta,
envolviéndote en una niebla densa
de mórbida e insufrible tibieza.

Esa amorfa languidez que te acecha,
cual luna llena en mitad de la noche,
y vacía de vigor los sentidos
dejando amortiguadas las pasiones.

Esa taciturna nostalgia gris
que, como la nieve sobre la hierba,
impregna poco a poco las entrañas
de sombría y recóndita tristeza.

Esa sosegada melancolía
que, como una persistente llovizna,
penetra en el ánimo y deja en él
una larga e invencible fatiga.

Esa añoranza de paz infinita,
al dolor y a la dicha indiferente,
en la calma de un remanso de luz,
lejos del amor, cercana a la muerte.

38. Cada día que pasa

> *inlacrimabilem*
> *Plutona*
> Horacio, *Odas*, II, 14. 6-7

Cada día que pasa
asisto más aturdido a la vida:
veo cómo se acerca la muerte
escondiendo hoz y guadaña,
lentamente deprisa
para disimular su presencia;
sonriente,
como se perpetra la traición.

Cada día que pasa
estoy más perdido
en este inhóspito mundo:
siento cómo se debilita
el soplo que me arrojó a la vida,
cómo se va consumiendo,
en los breves pero anchos instantes
que median entre el inicio y la nada.

Porque sé muy bien que un día cualquiera
la inexorable Parca,
sin dejarse ver,
sin dejar traslucir su enigmática ira,
callando, como es su estilo,
segará mi vida
con el zarpazo implacable
del verdugo.

39. Cuando yo me haya ido

Cuando yo me haya ido,
permanecerá a tu lado mi sombra,
siguiendo tus pisadas
por los mismos senderos que hemos andado juntos.
Las flores se disputarán las orillas,
cada primavera,
para contemplar tu hermosura
cuando transites por esas sendas
que hemos recorrido tantas veces,
y quizás una leve brisa hiera, a tu paso,
el alma de las margaritas.

Cuando yo me haya ido,
y vagues por esas veredas
que nos han visto tantas veces
caminar cogidos de la mano,
acaso la rabia te lleve
a dar puntapiés a los guijarros;
y, al recordar el sonido doliente de una canción
o los hermosos versos de un poema de amor,
tal vez no puedas evitar que tus lágrimas
se pierdan entre la tierra roja
de esos parajes.

Cuando yo me haya ido,
cuando mis huesos se hayan convertido en polvo
y los años hayan plateado tus sienes,
en las crudas noches del invierno frío
te sentarás, como Ronsard, al calor de nuestra chimenea,
y recordarás lo mucho que te he amado.
Mi espíritu seguirá a tu lado,
vigilando tu sueño mientras duermes,
a la espera de retornar
a esos caminos.

Y, en lo alto, ese cielo azul inmaculado.

www.ingramcontent.com/pod-product-compliance
Lightning Source LLC
LaVergne TN
LVHW090158180726
843489LV00006B/2110